Alessio Sanna

E nel silenzio taccio la tua assenza

Titolo | E nel silenzio taccio la tua assenza
Autore | Alessio Sanna
ISBN | 979-12-21461-10-7

Youcanprint
Via Marco Biagi 6 - 73100 Lecce
www.youcanprint.it
info@youcanprint.it
Made by Human

Ondulavano lenti
davanti ai miei occhi,
mentre osservavo i campi distesi
tra le ombre della sera,
diradati papaveri rubino,
come piccoli cuori
a dirmi di loro,
quasi a guardare al passato,
d'esserci stati,
scanditi nel tempo,
chissà dove sono.

Amori nel tempo

– · –

Idillio di illusione
che cieco di sorriso vestito ti accompagni,
non cerchi che una farfalla che vola
e getti in mar quella già presa,
finanche all'ultimo giorno
dei tuoi giorni al mondo.
Io, attonita,
che verità e realtà non nego,
che non mi diletto di illusioni.
Più illusa di te mi accorsi d'esser,
che di amor sognai
e della realtà trovai un giorno
i pezzi ormai persi
d'innocenti sentimenti
ed un destino di lamenti.
Età dolce, che amor non attende,
ormai fuggita di gioventù e tenerezza,
mi suggellavo a te
e sfioravan le dita
i marmi dei tuoi lineamenti,
aspettando un giorno
che tu mi dicessi... amor.
Illusione di chi d'amor vuol contagiar
e conquistar.
Uomo animal mai ammansito
che non vive che di prede,
più d'un leone
all'istinto si piega,

mai al cuor o alla testa.
Io di cuor e di testa,
amando chi temer si deve;
io mela tra le mele,
dimoravano in me sospiri e desii.
Mi gettasti:
lividi i sospiri,
d'ogni desir in verme
nella mente
e nel cuor
sfiorendo e aggrinzendo di dolor.
Amor fu mai
Mai fu amor
Chi tanto amore avea nel cuor
per chi non ha amor
tanto dolor… solo dolor…

Maria C.

– · –

Il tempo non dà tempo
come l'inferno perfetto
di sadismo divino.
Ti dona momenti
che rimpiangerai per anni.

Le ceneri

– · –

Struggente poesia di alberi racchiusi da mura antiche,
e accanto un corridoio spietato che porta dal chiuso al chiuso,
trafitto da arcate stese in file al sole e all'umido,
come panni usati mille volte e mille volte lavati,
intatti e lieti di raccontare ogni volta la stessa storia.

Sulle gradinate

– · –

Se un segno di matita
mi lasci nel cuore,
lo custodirò con cura
come pegno d'amore.
E se il tempo che passa
me lo farà ritrovare
come un dono a Natale,
ti potrò ricordare.

Buon Natale

– · –

Come una candela solitaria
in una grotta oscura
rischiari placida le tue care pareti
al riparo dai venti inquieti
d'un mondo al sole
ormai più cupo delle tenebre.
Rallegri in silenzio dipinti lontani
stesi sulle pietre in tempi dimenticati,
al riparo del mondo com'era
o all'ombra di un mondo che oggi
non ha più cura di flebili fiammelle.
La tua passione s'è resa silenziosa,
assente da luoghi ormai pieni di voci.
Voci senza luce,
senza calore
e già spente.
Dieci lunghi inverni al sole
e poi altri
e dimenticheranno.
Svanirai piano
portando con te
quei dipinti sublimi.

La luce della memoria

– · –

Il ragazzo si lascia lì
con le sue vene addormentate
e lui lo sa
che i suoi sogni non sono spenti,
friggono sotto il respiro.
Gli manca il tuo nome da pronunciare la
notte.
Le sue vene al buio,
una maglietta fine,
un po' di sonno e un po' di tepore.
Passerà mezzanotte disteso sul letto,
le due dita gialle di nicotina.
Lui ti pensa e non dice nulla
nella sua stanza deserta,
gli cascherà un lampione in testa,
ma resterà così,
non ti lascia andare via dai suoi pensieri
anche se ormai era ieri.
Le vene rosse di sangue caldo
sotto la pelle distesa,
una coperta,
un fiore nella mente e la sigaretta accesa.
Lui ti starà pensando,
quando tu te ne freghi,
e anche se ne hai bisogno
ti fa piacere il fatto che lo neghi.
Un'autostrada di vene ai polsi
è un'autostrada deserta,

lui che ti ha visto ormai uscire
ma il suo cuore è ancora in allerta.
Non ci pensa che per poco
di lasciar stare l'amore.
Ti cerca ancora e nei polsi torna a fluire il suo cuore...

Le sue vene al buio

—·—

Una sera stavo lì seduto
proprio all'angolo della mia esistenza
segnato da una croce,
sgomento e in declino
come il rudere che spacca al sole
e scivola via con la pioggia
lasciando cumuli di pietre
come tombe improvvisate
di amori e immaginari nobili
logorati dalle insidie e dimenticati col tempo.
Stavo lì
con l'insensatezza di una barca
che fluttua coi remi spezzati
perché fragili o incatenati
o come gabbiani adulti
che non hanno mai visto il cielo.
Radici profonde
ma rami troppo corti
Ed ero lì come albero
nato prima del suo deserto,
stecche al vento
senza rumore
senza foglie,
mentre fuori
voci lontane
annoiate di retorica.

In disparte

– · –

Ho visto, o forse non vedevo,
nuvole gonfie e sicure pararsi tra me e i raggi del sole,
stendendo l'ombra e il freddo sul mio mondo,
sul mio corpo ciondolante
per poi spostarsi altrove, al di là del mio vedere o del mio non vedere.
Così salii su un albero per guardare oltre, o dimenticare dov'ero,
ma una pernice si posò accanto ed un cacciatore che,
convinto di averla a tiro, mi colpì.
Sbagliò nel suo criterio, nella sua certezza, o per la sua imprudenza,
eppur scelse, al di là della sua vista, di far vivere o di uccidere,
così come si fa in amore, condannato per un'ottica ingiusta del mondo,
o perché la caccia è un atto umano che mira solo al sopravvivere e perciò a condannare.
Ero edera aggrappata a muri umidi e freddi nell'ombra,
o potevo esserlo, così innocua perché, immobile,
non desta l'ansia di uccidere, di turbare l'eden delle certezze umane.
S'ero anch'io fatto per recidere fiori,

portarli in un vaso gradito ed immobile per
poi morire,
anziché oscillare aggrappati alla terra ad ogni
carezza dell'aria,
l'unica a potersi muovere senza farsi ferire,
ora avvizzisco a terra,
mentre il cacciatore scappa, lasciando
dormiente e cruda la sua preda
sbagliata;
evitando la conseguenza di cavarsi gli occhi,
perché gli servono ancora, per errare ancora,
per credersi certo delle sue sicurezze di ciò
che vede.
Né si taglia la lingua per continuare a
giustificare i suoi gesti.
Mi ritrovo a terra, come atto compiuto, unica
conseguenza certa del vivere:
restare feriti o giacere per sempre.

Ai cacciatori illusi

– · –

E il mio cuore si risposa
sulla sabbia dei miei anni vissuti
dopo aver trascinato la memoria
per mari e momenti nuovi,
senza riuscire a sganciare
quel peso che avvilisce il viaggio
e con la stanchezza addosso
non ha più forza di sorprendersi.
Anni vissuti aspettandolo sotto la pioggia,
vedendo che ritardava all'appuntamento,
finché non è mai arrivato.
Ma questo cuore non è più sorpreso:
ora si riposa,
sapendo che i ricordi gli stanno dietro,
naturali come il maltempo.

L'attesa

– · –

Non sono parole o sospiri
che ti faranno comprendere
ciò che di te resta in me,
piccola perla rara,
che capiti per le mani
concentrata e preziosa in un breve momento,
nel tempo del vuoto espanso che vivo
solitario.
A cadenze irregolari capiti,
come perla anche tu,
una esperienza che con altre
ha costellato la mia vita di attimi sublimi,
fugaci ma sublimi.
E tu già sola
potevi bastare per una vita:
eri già così preziosa
che in un anello al mio dito
incastonata staresti
se il destino e la tua volontà
non ti avessero lasciata andare.
E solo al mondo
più solo mi sentirei
se fosse mancata la breve esperienza di viverti
ed il tuo ricordo.

Le rare occasioni

– · –

Tu eri dentro di me e lo sapevo.
In silenzio ti custodivo come una visione che scaldava il cuore.
Ho taciuto perché non credevo che a questo mondo
così tanta bellezza potesse cercare me,
da non sembrarmi possibile nemmeno oggi,
da non sapere ancora se sono il padre che ti cresce con la cura dell'amore
o il figlio che si affida a te per diventare più forte.

Padre mio, figlio mio

– · –

In via Pietro Verri c'è una casa,
e in quella casa un pugnale di D'Annunzio
custodito con gelosia da due mani piene di
grazia.

Wanda

–·–

È come se l'aria dimessa dell'assenza
e la distanza sempre più lunga del tempo
stendano un velo carico di significati,
un velo che diventa importante
quasi a sostituire quell'amore,
o a trattenerlo.
È un silenzio che vuol lasciare aperta la porta
ad un mondo che non tornerà,
un mondo raccolto e messo dentro una
scatola:
una lettera, una sua cicca di sigaretta e sue
foto, un fiore secco
coi petali che si sono un po' spezzati.
E fuori un mondo che ha dimenticato quanto
fosse importante.

Nel silenzio dei miei ricordi

– · –

Quel suono profondo della voce di Milva
è come il suono del sottosuolo,
come il tremore delle viscere della terra.
Ti senti tremare dentro e ovunque attorno,
ma invece di distruggere, fortifica.

Milva

– · –

Alle somme non resta niente
perché non c'era niente da trattenere.
Non essere programmati
come lo si è oggigiorno
comporta fallimenti esistenziali
e poche alternative.
Guardarsi attorno
a cercare luce tra rappresentanti
di visioni collettive,
uomini plasmati dal senso comune delle cose.
Inutile farlo.
Ma mi rincuoro del fatto
che nel restarne ignari
la gran parte non ne soffra.
La visione condivisa appaga,
la singola visione critica
distrugge ogni speranza
tranne una
che speranza non è,
ma consola.

Individuale

– · –

Non c'era tanta gioia
e neanche tanto dolore.
C'erano pendii e radure abitate,
sentieri calpestati a piedi nudi o con le scarpe
povere.
C'erano giorni all'aria e sere di candele e notti
per riposare,
il grigio delle pietre tra il verde delle foglie,
devozioni antiche innalzate ad altare.
Tra i più sporchi ed i più puliti
piccoli sguardi di bimbi e anziani,
inermi le mani.
I guardiani della piccola vita
lasciavano il posto agli squadroni della morte
ad alterare e svellere la quiete
travolti dalla sete della morte.

Gli abitanti di Sant'Anna

– · –

Rivedo e vorrei dare ancora una carezza a quel
ragazzo che eri,
ma il vento
ha cancellato quella luce che avevi,
l'aria serena di quei tuoi anni.
Non ritrovo più nulla,
o solo il senso di questa stanza chiusa,
nella mia anima.
La sua oscurità copre i ricordi.
Il tempo ha corroso quel mondo.
Il mio ricordo di te,
come ossa vuote,
raccolgo al petto.
Il loro suono è il suono vuoto di una assenza,
che ormai è destino,
e misera ora è la mia esistenza.

Io ero

– · –

Relativismo del vivere, apocalisse della storia.
Un cimitero di maschere superbe tirate a lucido.
Il mondo è ciò che si vede e fa bella mostra di sé,
il sentimento ne è l'oblio.
Si calpesta con la propria immagine il mondo,
si dimentica il sentimento verso chi al mondo ha cessato di vivere,
perdendo così maschera e memoria in chi resta.
Giacché siamo, non saremo più.

Relativismo apocalittico

– · –

Come ci si siede al bordo del letto
un giorno come un altro.
Un archivio di momenti nella testa
colmano il senso mancante
di ciò che si vede alla finestra.
Neanche in silenzio.
Motori che passano,
voci tenui che sfumano.
Lo spazio del mio silenzio,
come molecole che attraversano gli angoli
delle strade
o sotto le prime luci della sera.
E con l'anonimato del silenzio,
quello più intimo e vero,
l'esistenza scorre,
invisibile agli occhi
nel suo invisibile senso.

Quotidiano serale

– · –

Come pianeti che si incontrano
cominciano a girarsi attorno,
nell'eterno bisogno che nasce
tra attrazione e vuoto.

Attrazioni

– · –

Ora che te ne sei andata
lo spettacolo è finito,
il palco è vuoto,
la platea è deserta.
C'è la penombra
ed un silenzio che toglie il fiato alla gola.
Io cammino sul palco,
poi scendo
tra i posti vuoti della platea.
Lo spettacolo che fino a ieri mi aveva
rallegrato,
oggi mi offre in dono la tua assenza,
il lato triste di ogni commedia.

Sipario

_ · _

La beltà d'un tempo d'innocenza e di timida audacia,
quando il sogno era l'oriente, la notte e le stelle,
si posava nel gesto di cogliere una mela o di accarezzare un fiore,
davanti alle prime pellicole.
Era audace e profondamente innocente
danzare coi veli,
dondolarsi su una mezza luna.
La grazia ed il piacere lieto dell'incanto
in un mondo ormai perduto.

Belle époque

– · –

Il tempo e il buon contento taccerà le infamie.
Tu che né re né schiavo
hai perorato coi gesti il tuo pensiero,
non sentirti tradito dal tuo agire,
ma ritieniti ancora savio tra i pazzi,
che di questi tempi
sono obbligati a mal vedere ogni gioia
e a rovinare ogni buon intento
travestendolo con le loro maldicenze.
Il tempo, nella tua costanza,
troverà modo per darti ciò che cerchi,
laddove non giungeranno più i lamenti
dei veri maledetti.

Anatema

– · –

Nuoto tra le onde di un mare
che stento a trattenere,
la sera quando l'orizzonte
toglie luce al sole
e la tua anima più non vedo,
ma la sua ombra accompagna il mio cammino.
Ricordi e rondini come vele,
smosse nella quiete della bufera
racchiusa dentro me,
nelle armi deposte,
su campi di battaglia ormai lontani,
dove si è spento un sorriso.
Vivo,
ma non è per te.
Nelle parole che non servono
nei pensieri che non esistono,
al di qua dell'orizzonte,
dove nel buio trattengo
il ricordo della tua luce.

Altrove

– · –

I giorni si trascinano.
È solo un giorno in più
che passa inesorabile
mentre s'inseguono cose
di cui perderemo la memoria
e forse anche il senso.

Giorni

– · –

Inquieti gesti stavano a te,
a tenerti lontano dalle urla,
placato da sogni utopici,
ricamati sul sentiero della follia.
La rabbia e il disagio,
nella tua mente,
tenendoti cari e avversi i tuoi soliti fantasmi,
così comodi e gestibili,
a darti alibi e scuse,
così mal soppressi e di nuovo vivi.
Fantasmi da trattenere
per tener lontani quelli veri.

Comode paure

—·—

Porto in me un'opera che non ha più motivo
di esistere,
ma che mi resta cara.
Il teatro dell'abbandono non ha voci né luci,
la scenografia è immobile
di fronte ad un pubblico di sedie vuote.
In questo luogo di silenzio
l'opera è scritta nelle pieghe del tempo,
e le uniche tracce restano i segni nell'anima.
Ma le anime tacciono,
il linguaggio non è più lo stesso,
il senso è ormai incomprensibile…
…ed inviolabile.
Ogni atto è stato tanto vero da rimanere
unico,
irripetibile, compiuto, non recitabile.
L'ultimo canto è di legni fragili
sotto il peso dei passi di un intruso che non
sa, né mai saprà.

Il teatro dell'abbandono

–·–

Accadeva d'autunno, ma lo rivivo ogni estate
verso la sera, al termine di quei giorni segnati
dal caldo.
Giorni in cui l'aria non si muove e un po' di
fresco,
per un sole che si allontana,
non conforta, non rasserena.
Mentre il sole allunga le ombre
il tuo ricordo si protrae col tempo,
ed io in fondo, forse, non speravo che mi
lasciasse.
Era d'autunno,
ed in quell'autunno tu non eri più.
Dio ti risparmiava un altro inverno, ed io me
ne facevo carico,
come dei miei arti,
della mia testa,
delle mie gambe,
o di quello che porto ancora dentro, fino ad
oggi.
Sono io ora quell'ombra che allunga,
mentre attendo che il sole la finisca di dar
luce,
mentre attendo che la smetta di definire, con
quella luce spietata,
la forma di ciò che ogni giorno vedo
e che alla sera il buio incalzante mi sottrae.
Come ha sottratto te alla forma,

io mi sottraggo dal soffermarmi alle forme che
ancora sono da questa parte
e di cui colgo solo il senso delle loro pietose
ombre,
cercando invano te,
che di buio sei e resti, oramai da tempo,
e mi vesti dentro di ombra,
mentre il mio pensiero ti tiene per mano
inutilmente.

Le ombre al sole

–·–

Figlio mio ti accompagnerò,
ma voglio che impari a tenerti sulle tue gambe,
a distinguere i giochi e gli inganni dalla realtà
dei fatti,
le convenienze dagli slanci di umanità,
le mani protese per te da quelle che
vorrebbero tirarti dentro ai meccanismi della
miseria,
di cui questo mondo ha affinato l'arte
adattandola a ogni tempo.
Figlio mio, ti accompagnerò
e non ti difenderò solamente perché sei mio
figlio,
ma solo finché non sarai forte abbastanza
da accettare la realtà
ed essere onesto prima di tutto con te stesso.
Non sosterrò i miei difetti e le mie meschinità
insegnandotele,
perché anch'io ho le mie debolezze,
anch'io faccio i conti con i miei errori
e non li nascondo.
Ti lascerò il diritto di sbagliare secondo
coscienza ed esperienza,
ma non sarò con te quando ingannerai te
stesso ed il mondo,
e nel cuore ho la speranza di insegnarti a
sufficienza da non arrivare a farlo.

Fa' in modo che i miei sforzi non siano stati vani.
Se l'uomo di ogni mondo andrà avanti dignitosamente,
succederà anche grazie alla tua onestà,
all'arte di saper vivere con dignità,
mai sulla pelle altrui,
o, peggio, nell'indifferenza degli effetti delle tue azioni.
Non ti abbassare a dare anche tu quei giudizi di convenienza
che fanno male alla vita dei fragili,
perché la gente non ha bisogno di giudizi, ma di esempi.
No, figlio mio, non bendare gli occhi,
non ripiegare per pura convenienza.
Abbi il coraggio di scegliere davvero,
di non scappare mai dalle tue verità,
di tenerti stretto ed essere sincero solo con chi ti è sincero,
con chi ti vuole davvero per quello che sei.
Io un giorno non ci sarò,
non farmi star male quando sarò lassù,
non dimenticare la mia voce e le mie parole.
Cerca sempre di essere onesto e felice,
non piegarti a ciò che non sei,
prova ad avere il coraggio di guardarti dentro,

di chiarire dentro te ciò che ti renderebbe
felice,
felice nel tuo cuore.
Abbi la forza di arrivarci
anche quando non ci sarò più io
con le mie parole,
ad incoraggiarti.

Testamento di una madre

–·–

Non ho più strumenti da regolare per
adeguarmi alle prospettive.
Vivo giorno per giorno, muoio ora per ora,
come forma di vita che non vuol cambiare il
corso della storia.
Desiderio invano.
Età sepolta.
Ad ogni mano che si tende per una carezza,
non sa che sono cadavere vivente,
passivo, alla vita insofferente,
fanciullo che danza al ricordo di note antiche.

Nostalgia

–·–

Se dal tuo sguardo
io dovrò fuggir
per non bramarti
Che la tua presenza
fosse il porto cui destinai il mio viaggio
Or che è giorno e mi desto
di lacrime secche
le palpebre mie mal si schiudono
ove il coraggio è poco
di realizzar che tu non fosti
che un breve sospiro.
Dal primo sguardo
fosti già per me immortale,
ed immortale tu resti
nel solitario solco che affonda sull'acque
la mia sparuta nave
dal porto che non la trattiene,
ed ora verso l'oblio dei canti del cuor.

Immortale

–·–

Se il solo modo che ho di vivere
è fatto d'amore,
o me,
lasciami e non parlarmi mai.
Nella quiete del Signore,
nel contegno di dignità,
nel silenzio
io voglio tacere il mio dolore.
O me,
lasciami disteso
sulla sabbia del deserto
del mio tempo vissuto,
nell'acqua arida e placida dell'oblio.
Oblio di me
che tu lasci nel vuoto
di un dolore inudito del cuore.
Mio è forte il bisogno di morire
per distruggere te,
che in me conservo
tormentato e stanco
di trovarti ancora dentro.
Che tu non sei stato altro
che l'eco del mio vuoto,
che tu non sei stato
che il tremore che ha stravolto
la quiete di me che vivevo
senza conoscere dell'amore,
senza trovare in te il suo volto.

Ora che, abbandonato
nel vuoto della tua assenza,
il dolore mio
è una voce che non arriva a te.
Oramai una risposta
che mai mi darai.
Di te che non mi senti,
di te che in me non resta che un volto,
un volto senza voce
un volto senza amore
un volto senza ascolto.
Altrove come più altrove non si può essere
come un'illusione
e nei segni reali della mia pena
il sogno mio di finire,
perché altro modo non trovo
per non vivere più di te.
La tua immagine resta
il mio più grande dolore,
ed è inutile che io resti
se resti anche tu,
se di te ho scoperto il vero volto
nel mio dolore.
Dona quiete a me
o Signore
nella tua pace.

Amore e morte

–·–

Del tuo corpo perito nell'oblio, svanito al
mattino di un giorno,
ne ho fatto saponette,
per lavarmi via ogni tanto la polvere
dell'abbandono.
Ricordo della tua carne,
ricordo del tuo amato odore.
Sapone è l'esperienza.
Tu eri sapone,
solo esperienza.
Non era quel che volevo,
ed è ciò che mi resta.
Ad ogni speranza rinnovata,
un nuovo scalpo da strofinarmi
ed un nuovo cranio, nel cassetto.
Cranio vuoto dentro, come nelle intenzioni.
A rimpiangere il sogno,
senza rimpiangere te.
Io apro il cassetto
ed immagino occhi
dentro le tue cavità,
spenti come le mie vane speranze
nel rimpianto che non ho di te,
ma dell'idea di te.

Leonarda

–·–

Tutto ciò che è rappresentazione è recita.
Chi recita non è che tra il pubblico,
come uno spettatore commenta un attore
e dell'attore dai tratti più abbaianti,
condivisibili tra il pubblico,
ne farà imitazione, recita, simulazione di valori
senza il coraggio di gesti che non siano già
imitati.
L'atto, l'agire, è il fulcro di chi è mosso
dal cuore;
la recita è di chi necessita della rassicurante
partecipazione.
Per essere attori bisogna essere dentro se
stessi,
più dentro che fuori.
Seguendo ciò che è dentro scaturisce l'azione
più pura,
una manifestazione di luoghi interiori
irreplicabili se non per destino e per natura.
La recita è priva dell'anima,
è rappresentazione estetica meramente
figurativa,
come nell'assistere all'immagine di un ruscello
dipinto.
È l'illusione confortante che da esso scorra
realmente acqua,
ma innocua e priva di tormento,
com'è invece la realtà della vita

e della vita di chi la vive
contemplando un ruscello vero,
nel suo più stringente gorgo che ne aumenti la pressione,
com'è il sangue della passione quando rintraccia le vene
e può diventare malessere.
Malessere o non essere, tacere:
che nessuno travolga mai l'altro di vera passione,
per non sconquassare la sua quiete
monotematica e invariabile.

Attori e commedianti

È solo un dimenarsi nella ruggine del mio
cervello stanco,
idealista, sognatore;
tra i campi deserti delle battaglie abbandonate,
ma mai così presenti
nella mia testa,
nel cuore
nei miei occhi alla finestra.
Inutilmente.

Campi di battaglia

Io vorrei, ma tu non hai voluto
dimenticarmi delle storie
che ci trasciniamo da una vita.
Un valigione nella testa.

Ho saputo fare ciò che ho potuto.
Le dinamiche ormai sono la mia esperienza,
quei paletti dell'esistenza
a limitarci quanto basta.

Io ti ho amato perché ci credo,
e se la ragione dice basta
non posso lasciare la tua mano
che mi ha portato dove non ho voluto.

Il destino me lo son fatto io
perché anche la rinuncia è una scelta.
Sognavo un mondo che ora è solo mio.
Sai che ho accettato anche i tuoi limiti.
Così... Per te.

Io l'ho fatto solo per te.
Sì, sarò più intelligente,
o forse il più forte,
a resistere con te,
ma a sognare di più.
Come un aquilone,
più in alto,

più in alto,
di più.
Vorrei che tu fossi più tu.

Io vorrei, ma tu non hai voluto
dimenticarmi delle storie
che ci trasciniamo da una vita.
Un valigione nella testa.

Solo per te

Youcanprint
Finito di stampare nel mese di marzo 2023

9 791221 461107

Printed by
Libri Plureos GmbH · Friedensallee 273
22763 Hamburg · Germany